T0113305

Sentimientos

Sentimientos

Lidia Ferias

Número de Control de la Biblioteca del Congreso de EE. UU.:   2015912832
ISBN: Tapa Dura   978-1-5065-0737-8
                 Tapa Blanda   978-1-5065-0736-1
                 Libro Electrónico   978-1-5065-0735-4

Información de la imprenta disponible en la última página.

Fecha de revisión: 10/12/2015

Para realizar pedidos de este libro, contacte con:
Palibrio
1663 Liberty Drive
Suite 200
Bloomington, IN 47403
Gratis desde EE. UU. al 877.407.5847
Gratis desde México al 01.800.288.2243
Gratis desde España al 900.866.949
Desde otro país al +1.812.671.9757
Fax: 01.812.355.1576
ventas@palibrio.com
715626

Índice

Dedicatoria

Es para tí que amas la vida por la vida misma.

¿Dime por qué?

Hoy un nuevo día comienza para mí,
una nueva era que no sé como continuar.
¿Dime por qué?
que ya no puedo más
no está junto a mí.
A veces pienso que todo fue un sueño
y que está aquí cerca muy cerca.
Oigo su voz y no le veo venir.
Era mi padre
¿por qué te lo llevaste?
¿Por qué no está junto a mí?
¿Dime por qué?
No está aquí cerca de mí.
Dime Señor como seguir esta nueva era
que hoy comienza para mí.

Nunca la iguales a ella

Dicen que me parezco a ella
y yo sé que no es verdad
porque como ella nunca
igualarme no podrán.

Hay algo que nos separa,
su bondad y mi maldad.
Ella fue madre muy buena
y gran esposa, no por azar.
Yo nunca he sido nada,
ni siquiera hija por casualidad.

Guardo rencor en mi alma
y gran tristeza que quizás nadie sabrá.
Ni siquiera ese que robó mis besos
porque sin amor no me conseguirá.

No creas siempre en caras bonitas,
en su mayoría ficticias serán.

Guardo rencor en mi alma,
tristeza que nadie sabrá,
pero aunque me parezca a ella,
yo sé que no es verdad
porque ser como ella nunca
e igualarme no podrán.

Olvidarla no podrás

No sé si será verdad
No sé si será mentira.
Creerte a tí implicaría un cambio
radical en mi vida.

No sé porque bebes tanto.
No sé porque tanto en la barra estás.
Porqué buscas olvido,
porqué huyes de algo que te
sigue a todas partes.
Que te ciega, aunque no lo digas.
Y te digo que es cobardía,
cobardía de no enfrentarte a la vida
sin la ayuda del licor.

Que detrás de todas esas palabras poéticas,
de esa risa tan cordial y jovial
y de todo lo que escribes
hay un dolor que escondes,
una traición que quizás pretendes olvidar.

Si fue una traición, despecho o la propia
noche que te arrancó la vida
que en muerte sentida está.
Pero no pretendas acallar lo que
un fracaso te pudo dar,
ya que, entre vinos y licores
sólo conseguirás acabar más tu vida
mientrás que ella, tal vez, gozosa
pueda estar.

Deja ya la bebida y esa vida
ficticia que llevas.
Haste más util a los tuyos y
a la sociedad
y olvida lo que una traición
entre risas y licores te pueda dar.

Recuerda que aunque la risa es la
sal de la vida, no lo es todo.
Que la felicidad lo guarda todo
risas, llantos y alegrías,
y el licor no lo es mucho más
aunque pretendas una traición olvidar
encontrándola más ardiente en cada
sorbo que bebas sin poderla olvidar.
Olvídala de otra forma
porque entre risas y licores
jamás la olvidarás.

Maldita sea mi suerte

Si esto es amor
maldita sea mi suerte
que me haya fijado en tí.
Si es que los besos dados
sin palabras pronunciadas
huellas no han dejado en tí.
Si es que aquella tarde
Nada significa en tí.
¿Por qué me diste aquel beso?
¿Por qué aquella mirada tuya?
¿Por qué tanta mentira?

Es la primera inpresión que ha
dejado en mi vida un amor que
terminó acabado de nacer.
Pero recuerda cariño, que si
te acuerdas bien de aquel día
no te devolví caricias y eso,
eso te ha de doler algún día.

Parir no es fácil

Sentir un ser anhelante del mundo en mis entrañas
Sentir el sufrimiento de su impaciencia dentro de mí.
Es como la caricia de la suave brisa al rozar la piel.
Parir puede cualquiera
La naturaleza nos concede esa gracia,
pero cuando por deber se trata,
parir, señora, no es fácil porque nos vuelve
leonas, fieras acorraladas.

Al llegar aquel momento, momento tan esperado
y no oir su llanto rompiendo el silencio de la noche.
Y me pregunta usted, señora, porque estoy triste,
cansada y sola en este mundo.

Hubiera dado mi vida por aquella criatura vibrante.
Que importaba yo, cuando de mis entrañas emanaba
una vida rebosante, una vida llena de esperanza.

Y le repito a Usted, señora,
Parir no es fácil cuando por deber se trata.

Gracias

Gracias,
Por ese beso tan tierno y tan tuyo que me das
cada día, cada mañana al despertar.
Gracias,
Por esa mirada cálida, amorosa que me brindas
cada día, cada mañana con tanta dulzura y cuando
más la necesito.
Gracias,
Por todo aquello que me das sin pedirme nada a
cambio, sólo con tu dulce mirar
cada día, cada mañana al despertar.
Gracias,
Por esa confianza y el respeto que me brindas
cada día, cada mañana al despertar.
Gracias,
Por brindarme esa cálida sonrisa y tus dulces caricias
cada día, cada mañana al despertar
y al regresar cansado, estenuado, agobiado de tanto
trabajar, con tanto amor y afabilidad.
Gracias,
Por bañar mis playas con el dulce vaivén
de las olas de tu mar.
Gracias,
Por correr sobre mi cuerpo y el tuyo como
aguas que somos del mismo manantial.
Gracias,
Por ser cause de mi mismo río
en la calma y en la tempestad.

Gracias,
Por todo lo que me das
cada día, cada mañana al despertar.
Nadie comprende este amor que nos une
en un sólo beso, en un sólo abrazo
que arde cual un tizón encendido
que no hay mar que lo pueda apagar.
Gracias,
Por quererme tanto, amarme tanto que
hasta las piedras cobran vida solas al
pasar tú y yo muy juntos, tomados de
las manos.
Gracias,
Por ese amor tan grande y con tu dulce mirar
que sin pedir nada a cambio me brindas y me
das cada día, cada mañana al despertar.
Gracias, Amor.

Abrázame

Abrázame fuerte, muy fuerte
hasta fundirme en tí.
Abrázame fuerte, muy fuerte
cual la hiedra y envuélveme entre
tus ramas y no me dejes escapar.

Abrázame fuerte, muy fuerte,
quiero vivir y sentir el sabor de tus
besos bañando todo mi cuerpo.

Abrázame fuerte, muy fuerte,
que el tiempo apremia y nunca perdona,
yo quiero estar a tu lado docíl y callada
que la vida acaba y no se detiene jamás.

Abrázame fuerte, muy fuerte,
que las nieves de los años tampoco
perdonan y llegan galopando en su
gran corcel blanco hasta alcanzarnos.

Abrázame fuerte, muy fuerte,
que el tiempo no retrocede,
que hasta las piedras lo lloran
sin lamentar nuestra partida.

Abrázame fuerte, muy fuerte
que el tiempo es oro
que no quiero perderte
y dejarme jamás.

Abrázame fuerte, muy fuerte
y bésame despacito para sentir el
placer de tenerme entre tus brazos
hasta saciar esta sed de amar que
hace estremecer todo mi cuerpo.

Abrázame fuerte, muy fuerte
con ese sentimiento encubridor que
ejerces sobre de mí que hasta el
suicidio llego a pensar cuando no te
tengo junto a mí.

Abrázame fuerte, muy fuerte
Amor mío, más fuerte que nunca
que el tiempo es muy cruel amigo.

Abrázame fuerte, muy fuerte
Y doy gracias a Dios por cada momento
de felicidad y sentir que estoy viviendo.

Abrázame fuerte, muy fuerte,
siempre abrázame, pero
abrázame siempre

La Ventana

Asomada a la ventana veo la lluvia caer
mojando las infinitas calles.
Asomada a la ventana veo como las calles se tornan
lúgubres y frias cuando la lluvia cesa.

Asomada a la ventana veo como el atardecerse se
ensombrece al crepúsculo y vivo al alba al amanecer.
Asomada a la ventana veo la gente al pasar calle
arriba, calle abajo en su andar cotidiano y sin
volver la vista atrás.

Asomada a la ventana veo la primavera llegar
floreciente acompañada del dulce trinar de las
aves que vienen y van, yendo de aquí para allá
buscando el esplendor primaveral.
Asomada a la ventana veo el mundo a mis pies
desde lo más alto del cielo azulado con su
brillante lucidez.

Asomada a la ventana veo tantas y tantas cosas.
los niños jugando con su dulce corretear,
las parejas de novios idolatrándose al pasar,
y aquellos no tan jóvenes tomados de las manos.
sentados muy juntos calentándose muy tempra-
nito en la mañana.

Asomada a la ventana veo como la vida pasa,
como se escapa de mis manos sin poderla
aguantar.

Son tantas y tantas cosas que asomada a la ventana percibo sin que noten que estos ojos deslumbrantes de alegría y a veces llenos de lágrimas que al correr de los años se vuelven opacos y silenciosos sin que nadie los perciba y puedan con su amor y ternura llenar.

Son tantas y tantas cosas que se ven desde la ventana y desde aquí arriba en este pedestal que al parecer son pequeñísimos detalles de la vida y muñequitos al azar.

Añoranza

Cuanto amor perdido,
Cuanta añoranza que lacera mis entrañas
el tiempo que he sufrido por tu adios.
Añoranza de saber que te he perdido.
Añoranza de no poder gritar tu nombre.
Añoranza que obliga a mi pensamiento
que siempre esté pensando en ese ayer tan
lejano y en ese día tan sombrío.
Añoranza de no sentir el calor de tu regazo.
Añoranza de tener mis manos vacías.
Añoranza que me duele que no estés.
Cúan grande es la distancia.
Cúan grande es el olvido desde ese momento
que se cerraron tus ojos en la obscuridad y
fría soledad de tu sepulcro.
Añoranza que lloro en silencio desde aquel
dia hasta hoy que dijiste adios con tu partida.
Añoranza que espero en silencio el momento
fugaz de mi partida para encontrarme contigo
en ese mundo solitario donde tú estás.
Añoranza de no sentir el calor de tu regazo.
Añoranza de tener mis manos vacías.
Añoranza que me duele que no estés.

Caribeño soy

Sólo tú, caribeño
conoces el sabor de tu tierra.
Suelo ardiente, fogoso que contagia a todo
aquel extranjero que llega, con su ritmo tropical.

Sólo tú, caribeño
Conoces el sabor de tu tierra con su sol ardiente
que penetra en tu piel, piel morena curtida por
el sol.
Calor sofocante que te hace arder sediento de
agua y del frescor tropical.

Esa es mi tierra querida.
La tierra de la rumba.
La tierra de la salsa, las maracas y el bongó.

Esa es mi tierra caribeña
al ritmo contagioso y sabor a carnaval,
al vaivén de las olas y del palmar.
Tierra caliente, ardiente con su verdor tropical.

Tierra rodeada de mar, arena y su silvestre
vegetación con su verdor natural.

Esa es mi tierra, compay
con su andar caribeño.
La tierra de la rumba,
La tierra de la salsa, las maracas
La tiera del tambor.

Tierra caribeña con el sabor
y la dulzura del azúcar.

Tierra con el olor al buen Tabaco
y con el aroma inigualable de una
taza de su fuerte y rico café.

Esa es mi tierra.
Ese es mi Caribe.
La llave del Golfo del Hemisferio Occidental.

Pequeñeces

Son tantas las cosas que llenan en la vida.
Son tantas las cosas que te llenan de felicidad.
Son tantas las cosas que engrandecen y hacen
crecer una vida.

A veces, una simple mirada,
la caricia más ligera,
un apretón de manos
y un simple, pero sincero "Te quiero"
te conforta, te hace crecer y erguirte
como la cima de un arbol buscando
la luz y calor solar.

Son pequeños detalles, pequeñeces
que te llenan y te hacen olvidar todo
aquello que pudo lastimarte un día.

Pequeños detalles, pequeñeces
que te alientan y de llenan de vida.

Una flor, el regalo más sencillo,
pero difícil de olvidar.

Una mirada tierna y llena de cariño.
Un simple, pero sencillo "Te quiero"
que conforta y lacera las heridas.

Pequeños detalles, pequeñeces
que te hacen sentir feliz rebonsante
de alegría.

Algo buscas

Yo sé que algo buscas en la vida,
algo que por mucho tiempo has buscado
sin poderlo encontrar.

Buscas algo que te llene,
algo que tú mismo ansías
y que jamás crees no encontrar.

Sé que pides poco, muy poco,
sólo un amor verdadero y una
simple, abierta y sincera amistad.

Sé que buscas algo,
algo en la vida sin poderlo encontrar,
algo que aunque te llene de pena,
alegría y felicidad.

Algo que sea limpio y puro,
pero algo que sea de verdad.

La niña que tanto quiero

Eres linda, caprichosa.
Eres buena, eres dulce.
Eres la niña que tanto quiero.
La niña que yo no tengo.
La niña que no poseo.
La niña que en mi regazo
duerme todo lo que quiera.

Eres linda, caprichosa,
pero así yo te quiero,
la niña que no poseo,
la niña que yo deseo.

Eres blanca, niña blanca
como la luna.
Eres pura, niña pura.
Eres rosa que mis grotescas
manos se daña.
Eres rosa, mi rosa blanca,
mi rosa de tallo sin espinas.

Año nuevo, Año viejo

Año nuevo, año viejo,
recuerdos que acuden
o simplemente se alejan
muy a nuestro pesar.

Donde todo es añoranza,
donde una luz se apaga
a un día resplandeciente.

Año nuevo, nueva vida que comienza,
donde se juntan presente, pasado y future.

Vidas que se alejan,
recuerdos que se van,
una luz que se apaga,
un amor que vendrá,
una vida que nace,
y un mundo por empezar,
amores que se separan
sin volver hacia atrás
sin apenas comenzar.

Año nuevo, año viejo,
recuerdos que acuden.
Madre que se añora y
un hijo que cerrando sus ojos
queda dormido en el lecho
para nunca despertar,
Añoranza de la carne de
aquel amor que terminó.

Año nuevo, año viejo,
vidas que se juntan,
vidas que se van y una
esperanza que queda
abierta siempre al azar.

Inmenso mar

Eres mar poderoso que todo lo arrastras,
soy no más que una pequeña isla que tus
olas bañan

Mar que en la tempestad ruge y
limpia mis playas dejándolas
solas y sombrías.

Olas que me bañaron aunque se
alejen siempre serán mías.

Eres mar, que aunque limpiaste
mis arenas allí tus huellas dejaste
quedando tu sombra y la noche fría
trás el silencio que tu vaivén dejara.

Eres mar inmenso que me bañaste un día,
que aquella tempestad que devino aquel
día, limpió mis playas dejándolas solas
con sus noches frías.

Fuí niña en tus brazos

Fuí niña en tus brazos
y decirlo no me apena.
Fuí niña en pañales que
por el sendero de tu gran
mundo corría.

Fuí juguete que tomaste
y dejaste un día,
porque ya no te gustaba
o porque ya no me sentía.

Fuí quizás, la muñeca de vidriera
que te deslumbró aquel día o tal
vez una flor que como mariposa
livaste un día.

Fuí niña en tus brazos que
quizás no te comprendía
o tal vez fuiste tú demasiado
hombre en mi vida,
el que no entendía que era niña
en pañales que por tu mundo
corría.

Tal vez algún día lo sea

Eres madre y lo comprendo
aunque por naturaleza no lo soy.

Sé, que por madre desconfías.
Sé, que por madre nunca crees
aunque con una simple sonrisa
aceptes lo que te digan.

No soy madre y quizás lo sea,
y algún día, tal vez, también desconfíe,
recele y busque la mirada que como
desconfías, quiere hallar en la mía.

Porque si nunca he tenido amores
y si nunca te he dicho nada
porque sólo siendo madre
la ilusión que haya tenido y
que alguna vez haya surgido,
jamás tú lo sabrías.

Ojos Grandes

No sé si será desdicha,
no sé si será por dicha,
pero aquellos ojos grandes,
aquellos simples ojos
te encontraron en su camino
anhelantes de caricias.

Y a pesar que nuestro amor es prohibido,
aquellos ojos grandes, pensadores,
anhelantes de caricias,
aquellos que contaban la llegada a su
desdicha, encontraron a alguien,
quien los perciba y, aunque sólo
en penumbra yo te lo diga.

Y aunque llegue la hora de la renuncia
a la vida y a pesar de que aquellos ojos
grandes no los perciban.
Y aunque ellos se marchiten
fuiste tú quien le diste vida
y aunque renuncie a tí para
toda la vida
te amaré siempre aunque
tú ya no lo concibas.

Qué sabes tú, mi niña

Qué sabes tú, mi niña
el dolor que causa una pena,
tú que naciste ayer y abriste
tu corazón un día de primavera.

Recuerda siempre las palabras
dichas en este poema.

Recuerda a Elena, la de Troya,
pero no cierres tu corazón
aunque te agobie una pena.
que siempre hay quien es
noble en el mundo y siempre
al azar se encuentra.

Y nunca haga como yo que
cerré todas mis puertas un
día de septiembre aunque
no fue un día de primavera.

Cruces de ocultas penas

Llevas en tu corazón
cruces de ocultas penas
porque jamás me has visto llorar,
porque quizás te paresco de piedra,
porque tu alma he llenado de pena
sin que un gesto mío pueda tu dolor
borrar.

No es consciente el daño
ni mi culpa la de mi ofensa
sin querer te he deshojado
rosa roja, rosa llena de vida,
rosa de la que brotó la mía.

En un rincón del desván

En un rincón del desván guardo
todo aquello que llevo en mi corazón,
los sueños de ayer, los primeros besos,
tus palabras a media voz y el amor
que me diste.

En un rincón del desván
aun siento tu calor y de
aquella primera rosa
sólo un pétalo queda que,
como en un rincón del desván
tambien guardo en mi corazón.

Y pesar de lo que ha sido,
en un rincón del desván
como aquel sólo pétalo
guardo tambien nuestro amor
en el fondo de mi corazón.

Madre

Madre grande, madre linda
aunque tu rostro no lo diga.
Madre grande, madre linda
que sufre, que llora en
calladas celosías.

Madre grande, madre linda
que entregas tu vida sin que
nadie te lo pida.

Madre grande, madre linda
madre que a veces injurias,
madre que traiciona,
madre que perdona,
madre que se acaba
sin que nadie se lo impida.

Madre que por naturaleza
abandona el fruto que fecundas.

Madre india, madre negra,
madre blanca, madre del mundo.

Madre, que por ser simplemente madre
no mides ni razas ni castas
cuando de eso sólo se trata.

Esa mirada

Hay algo que me llama la atención
Esa mirada triste y esa mirada extraña
que a veces parece fría.

Esa mirada que se empaña
sin que nadie la perciba,
esa mirada que se engaña
para no dañar su vida.

Es ese mar que todos buscan
para bañar sus pies en la orilla
que nadie se adentra en él
por temor a la perfidia.

Esa mirada extraña,
esa mirada que a veces
parece fría.

Sólo es la de una niña,
una niña que busca amor
sin que el mundo lo conciba.

Aquella

Yo soy aquella que no olvidarás,
la que encontrarás en esa agua
que bebas volviéndote más sediento.

Aquella que verás en la sonsrisa
de otros labios,
aquella que añorarás su presencia
en tus noches de insomnios y buscarás
su figura en las tinieblas de tus sueños
y al despertar te encontrarás sólo y con
su almohada vacía.

Aquella que al pasar por una de esas
calles nuestras sentirás sus pasos y
al voltear la cabeza las hallarás solas
y vacías trayéndote como un eco mi voz
y con ella esa risa tan mía como dijiste
aquel día que tanto te divertía.

Qué le han hecho a mi niña

Qué le han hecho a mi niña
que viene así con la cabeza baja.

Qué le han hecho a mi niña
que su mirada refleja la noche
obscura.

Qué le han hecho a mi niña
que sus labios tiemblan al
pronunciar un nombre.

Qué le han hecho a mi niña
que anda taciturna y no canta
como antes al salir la aurora.

Ya no es mi niña aquella que
con su dulce mirar me sonreía.

No es tan niña, mi niña la
que en mi jardín jugaba.

Ya es mujer mi niña que
conoce de besos y de caricias,
que conoce de amores.

Que deshoja una flor para ver
si en verdad es sí
o si en verdad es no
ese gran secreto que
guarda en su corazón

Marilina

Esos ojazos claros,
esa mirada bella.
Mari, siempre te digo,
Marilina, so fea.

Tu sabes que es de cariño
porque mi niña es bella
que con esos ojos claros
y esa mirada tierna
rindes a tus pies el mundo
y puedes desatar la Guerra.

Recuérdate de Troya,
Acuérdate de Elena
y no te jactes mi niña
de tu natural belleza
y no llenes de envidia
esa carita bella,
que seas tierna y dulce
como una rosa abierta.

!Verdad que eres linda!
!Verdad que eres fea!

Aunque con amores y mimos
mi niña será buena.

Que este corto poema
dedicado a una niña
que en verdad es linda
que en verdad es fea.

Y no se enoje nunca si
en mi saludo le digo
Marilina, so fea
Porque con esos ojazos claros
y esa mirada tierna
puedes revivir a un mundo
y puedes desatar la Guerra.

Tu Beldad

Que importa tu beldad
si no lo es todo en la vida.
Que importa tu beldad
que a veces a tí misma te asquea.
Que importa tu beldad
Que el tiempo la hará sombría.
Que importa tu beldad,
Pero no permitas caer al vacío.

Buscas amor, cariño, comprensión
y un buen amigo y sólo ves miradas
sórdidas, inmundas, llenas de codicias.

Ves cúal es la razón
por la cual te digo
Que importa tu beldad
que ha de fugarse algún día.

El mar y yo

!Oh! mar que me miras
calmad esta alma.
!Oh! mar que me miras
haced llorar estos ojos,
llenadlos de amor y ternura,
descanso y sosiego.

.

!Oh! mar que me miras
dejad que sus olas me arrastren
hacia él,
dádle crepúsculo a esta alma sombría
que por ese amor está muriendo en vida,
entregadle mi corazón desnudo
tambien lleno de vida.

!Oh! mar que me miras
devolved la paz y la compañía
a mi tálamo vacío y
cuando abra mis ojos
halle su sonrisa
su cuerpo junto al mío
lleno de caricias
y quemando esta boca
húmedad y fría.

Aquel nombre

Te acercaste mí un día y no fue
precisamente porque amor no
me tenías.

Te acercaste a mi un día y no fue
precisamente que por mi nombre
venías.

Te acercaste a mí un día y no fue
mi ventura porque era a otra a
quien querías.

Quizás sin saber espero ansiosa
que vengas a mí algún día y pueda
yo mi alma de dicha colmar.

Porque aquel amor de niño
que sentiste un día que
aunque ligado al mío por
fraternal cariño
no fue aquel cariño el mío
por el que tú venías.

Que aunque con sonrisa amable
y el corazón herido te dije simplemente
no sé de que me hablas y
porque a mi vienes
porque nunca te dí nombre
del ser a quien querías.

No fue por despecho y resentimiento
que callé aquel nombre
porque muy bien sabía
que aquel pequeño juego
era no más de niños.

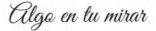

Algo en tu mirar

Hay algo en tu mirar que me entorpece.
Hay algo en tu mirar que me fascina.
Es tu mirada fiel, tan amiga
como pocas conocidas.

Hay algo en tu mirar que me confías.
Hay algo en tu mirar que me acaricia
como el aura acaricia una rosa fresca
y llena de rocío.

Es tu faz tan risueña
como un sol radiante bañando
la aurora.

Es tu faz tan risueña
que brindas paz al caminante,
sosiogo al sediento,
luz a la noche obscura
como alivio al desvalido..

Nada Eres

Fuiste alguien que pasó sin pasar.
Fuiste alguien que brindo cariño
cayendo al vacío sin ser correspondido.
Fuiste estrella fugaz que sin ser inadvertida
se perdío en la obscuridad del cielo
porque tambíen cayó al vacío.

Fuiste como el eco sin fín
que desaparece en la distancia.
Fuiste arrolluelo que alimenta al río.
Fuiste pico que nadie escaló que,
porque tan alto estaba, nada veías.
Fuiste sangre ardiente corriendo
como loca por las venas.

Y ahora qué, nada eres.
Río seco, sangre inerte,
Alma piedra, alma muerta.

Ojos, simplemente

Ojos grandes, pensadores
Ojos que sueñan y no rien,
Ojos que anhelan y no viven
y que no ven cuando miran.

Ojos de dicha codiciada
que conmueven al que los mira,
ojos puros, deslumbrantes
que con el tiempo se marchitan.
Ojos grandes, que cuentan
la llegada a su desdicha.
Ojos solitarios, ojos que vagan
por el mundo sin que nadie los perciba.

Ojos grandes, soñadores,
Ojos que quieren sin ser vistos.
Ojos de amor que te miran
aunque tú no los percibas.
Ojos grandes, soñadores,
ojos anhelantes de caricias,
ojos que en soledad ya se marchitan.

Vida

Vientre seco, labios áridos,
Vida seca, vida muerta
sin amor, sin esperanza,
vida en flor que se marchita

El día presentido llegará
soledad y vejez tu compañía
que a veces sientes muy cerca
y otras tan remotas de alcanzar.

!Ay! vida seca, vida muerta,
vida en flor que se deshecha,
carne en esplendor que se opaca,
ojos que no miran para no
hallar tedio y melancolía.

!Ay! caminante que sólo vas
sin consuelo ni alegrías
has este vientre fertil
y esta vida, vida.

Vida seca, vida muerta,
vida en flor que se marchita
sin el agua fresca y clara
y un sol radiante la reviva.

Mirarte para qué

Mirarte para qué
si en tus ojos no encuentro luz.
Mirarte para qué
si en tus ojos sólo encuentro
desamor, sospecha, hastío.

Mirarte para qué
si a mi corazón no les has
devuelto la paz.
Mirarte para qué
si en tus ojos no hallo el
amor que me diste un día
sin preguntarme siquiera de
dónde venía.

Fuí tu placer, tu tristeza, tu alegría
¿Que soy ahora?, si en tus ojos sólo
encuentro indiferencia, frialdad,
aburrimiento de sentirte mío,
si muchas veces encuentro tu
almohada vacía.

Mirarte para qué
si he perdido al hombre, al amigo.

!Ay! de mi soledad, mi amante compañera
que no debiste apartarte de mí aquel día
y que hoy has vuelto a mi vida.

Estarás siempre conmigo

Aunque lejos estés de mí
tu pensamiento estará conmigo.
Aunque en otros brazos te encuentres
sentirás siempre los míos.

Aunque otros labios te besen
no serán como los míos
y a pesar que otros ojos te miren
siempre verás los míos,

Porque nunca un amor verdadero se olvida
y al pasar de los años la vida se nos vuelve hastío.

Y recuerda que en cada uno de aquellos que te
miren añorarás mi presencia y aunque en otros
brazos te encuentres estarás siempre conmigo.

Realidad

El mundo gira, gira sin mirar hacia atrás.
Las olas vienen besando la arena y luego se van.
Una vida se acaba y otra florece a la par.

La realidad es esa vivir, morir, dejar,
Dejar un alma vacía que no podemos colmar.

Aquel día, su llegada,
Aquel cuerpo inerte, sus parpados cerrados.
Luego la ida y el despertar a esta realidad
que nos daña, nos perturba y esta herida
abierta que desangra cada día.

Es como un mar infinito en calma,
como un camino andado sin jamás terminar,
son como aquellos gratos recuerdos vueltos al azar
que nos hacen reir, hablar sin necesidad de pensar
y que a veces nos abruma.

Perdí la pupila, perdí mis ojos
y este silencio que me hace recordar
que perdí al padre, al amigo y no sé
como empezar esta nueva vida que nos
detiene al pasar siguiendo su cause
sin volverse atrás.

Tú y yo

Tú y yo unidos en la eternidad
en un nuevo mundo tan sólo
para nosotros dos.

Tú y yo solos para amarnos
El tiempo será poco y nunca termina
y en las noches y el cielo como testigo
entregarnos uno al otro llenos de este
amor que sólo tú y yo sentimos.

Nuestro amor será como un oasis
en medio del desierto para calmar
esta sed de amar que sentimos muy unidos.

Tú y yo solos, unidos en cuerpo y alma,
corazón y vida y por toda la vida hasta
el fin de nuestros días porque si uno
muere primero, el otro también morirá
en vida.

Llega la noche y tu recuerdo

Llega la noche y con ella tu recuerdo.
Llega la noche y comienzo a soñar
Llega la noche y me ahoga esta soledad.
Llega la noche y con ella la luna que baña
toda la habitación con su velo de plata y
necesito tu sentir.

Que tristeza me da el no estar junto a tí.
No quiero que llegue la noche,
no quiero pensar en tí,
no quiero alimentar este amor,
no quiero que llegue la noche
estando lejos de tí.

Llega la noche y tu recuerdo.
Llega la noche, necesito tu sentir,
La tristeza me embargo si no estoy
junto a tí.

Sabes y sé

Sé que yo puedo tenerte
Y sé que no está bien el poseerte.
Sé que no hay nada en el mundo
que te haga cambiar.
Sé que tú quisierás tenerme,
pero no puede ser.

Sabes que me debo a otro.
Sabes que cuidarle debo,
que me necesita otra vez junto a él.

Sabes que traicionarle no podré.
Sabes que ese puente roto yo
jamás cruzaré.

Sabes que me debo a otro
que nuestro amor no puede nacer,
que mi amor es inmenso,
que retenerte podría,
pero no puede ser.

¿Cúando la perdí?

Me acerco a la ventana y recuerdo,
recuerdo tantas y tantas cosas,
Mi infancia, ¿cúando la perdí?
La primera ilusión de mi vida.

Amor de primavera, en mis sueños
te creé y en mis sueños te deshice.
Fuiste anhelo y esperanza, tristeza
y agonía.

Hoy me encuentro sola, vagando
como ave sin rumbo buscando un
nido donde hallar calor.

Camino y me siento en el parque,
veo los niños jugar y me pregunto
de nuevo, mi infancia ¿cúando,
cúando la perdí?.

Cuando era pequeña, a penas una niña
quería crecer pronto y ser mujer
y ahora, no hubiera querido crecer.

Perdí el Tesoro del mundo, la niñez
y sólo me queda esta vida vacía
llena de hipocrecía, de falcedad,
busco el calor como la golondrina
busca el calor primaveral.

Eso que llaman "Amor"

Quisiera ser el aire que te acaricia.
Quisiera ser la flor que tus manos deshojas.
Quiseira ser esa agua clara y pura que
tu cuerpo recorre.
Quisiera ser ese sol que baña tu piel morena
Quisiera ser esa que noche tras noche
te acompaña.
Esa que vela tus sueños,
Esa que te acaricia,
Esa que tus labios besa.
Esa que en momentos de angustia
calma tu tristeza convitiéndola en
alegría.
Quisiera ser sólo eso,
eso que llaman Amor
cuando esté a solas contigo.

Pelotica de pin pon

De lejos parece una pelota
pequeñita de villar,
pero cuando me acerco la
busco sin poderla encontrar.

Enseguida me doy cuenta
que es Wilferdo no más
con su sonrisa amable
y su divertido andar,
con su mano siempre extendida
saludándome cordial.

Aunque me llamas muñeca
y aunque me ponga seria
y no te responda al pasar,
no me incomoda tu frase,
pero mi nombre tengo
y por el me has de llamar.

Pelotica de pin pon que de
lejos saltas mucho y cuando
te acercas buscándola sin
poderla encontrar te das
cuenta enseguida que es
Wilfredo no más.

Carta de amor

En estas pequeñas, pero sinceras líneas
te expreso todo eso que llaman amor
que guardo muy dentro de mi corazón.

Es el sentimiento puro de un ser que te ama en silencio.
Es una verdad nacida de mi alma pura que me ahoga y
que tengo que expresar.

Te conocí por casualidad un día
y tu imagen quedó gravada en mi mente
sin poder olvidar tu sonrisa y tu mirada
y siento tu perfume que me enloquece
y siento tus pasos, tu caminar en mis
noches de insomnio y de hastío.

No sé como me enamoré de tí.
Si fue por tu amabilidad y ternura,
tu amistad desinteresada y comprensión
que sin darme cuenta te fuiste metiendo
en mí sin poder evitarlo.

La escribe con sangre que brota de
de un corazón herido,
de un corazón enchido de amor por tí,
de un corazón enamorado.
No agrandes más esta pena que me llena
de incertidumbre y entristece mi alma
que se muere de amor por tí.

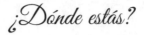

¿Dónde estás?

¿Dónde están tus brazos?
¿Dónde está tu boca?
¿Dónde está tu aliento?
que no siento ya.

Añoro tu sonrisa.
Añoro tu mirada.
Añoro todo aquello que
en mí fuiste tú un día.
Añoro tus palabras,
Añoro tus consejos.
Añoro ese amor que
de tí tuve un día.

¿Dónde están tus brazos?
¿Dónde está tu aliento?
Que no siento ya.
¿Dónde tu sonrisa?
¿Dónde tu mirada?
¿Dónde todo aquello
que fuimos un día
y que ya no volverá?

A tí que por Madre

A tí, que formaste mi vida.
A tí, que eres anhelo, esperanza, tristeza y dolor.
Que importa que no seas hermosa y bella,
Eres madre y todo lo compensas.

Aunque de mis labios no salga nunca una frase
amable y jamás te haya dado una flor,
mi consideración y respeto tendrás,
el único obsequio verdadero en la vida.

A tí, que por madre
te sentí sollozar ante mi cuna.
A tí, que por madre
llevas cruces en tu alma,
cruces de haberte ofendido.

A tí, que por madre a veces traiciona.
A tí, que por madre a veces calumnias.
A tí, que por madre a veces injuriada.
Que a veces únicamente madre,
otras simplemente mujer
sin que te queme las entrañas
el fruto de tu amor.

A tí que por todo tu cuerpo corre sangre
de madre difícil de encontrar
vertida con amor,
vertida con dolor,
que sólo comprenderá aquella
cuando en sus entrañas vibre
una criatura de verdad.

Qué importa cúal sea su nombre

Qué importa quien sea.
Qué importa cúal sea su nombre
si aún aguardo a sus puertas.

Quizás un principe encantado sea
que en su carruaje dorado tirado
de sus grandes corceles blancos
venga a buscarte algún día.

O quizás un simple mendigo
que te ofresca por carruaje
sólo sus potentes brazos
y la sombra de un gran árbol por cobija.

Qué importa cual sea su nombre
si a tí no ha llegado todavía.

Qué importa cúal sea

Que importa cúal sea
amor, romanza o capricho,
que importa cúal sea tu gusto
si aquí me tienes completa.

Que si de amores se trata,
Que por mi madre soy buena.
Que si romanza es lo tuyo,
Que importa cúal sea tu gusto
si al final te sere buena,
si a tu lado siempre me tienes
para contemplar tus noches
y acallar siempre tus penas.

Que importa cúal sea tu gusto
si aquí me tienes completa.

Que por capricho me quieras,
Que importa cúal sea tu gusto
y si algún día me dejas,
que importa que así sea,
pero lo sentiré de verás

Que si mujer he sido,
que importa como haya sido
si fuiste tú el que me quiso.

Que importa si es por capricho,
aún así te seré buena.

Si una noche me dijó
!Ay! por amor que me quiera.
Pero que importa en estos momentos
Si es por amor, romanza o capricho,
lo que importa es que me quieras,

Cincuenta y un años.

Cincuenta y un años
!Cúanto tiempo transcurrido!
Largo sendero recorrido
que al volverte y mirar atrás
se pierde en el infinito.
Infinito que ayer fue dolor,
angustia, zozobra de saberte
ofendida por sembrar tus doctrinas.
Infinito, que hoy se transforma en alegría,
anhelos que surgen en cada hombre que nace,
en cada hombre que forjas.

Cincuenta y un años
!Cúanto tiempo transcurrido!.
Largo sendero recorrido,
que al volverte y mirar atrás
que ayer como oasis eras,
hoy, yaces como el mar extendido en la arena.

Retumba tu nombre,
nombre de "Educador",
eco en todos los ámbitos,
que como haz de luz incides en la espesura,
reflejando nuestros campos.

Hoy, las nieves del tiempo
vislumbran tus sienes,
un tiempo ya lejano,
un tiempo que no termina,
un tiempo ya pasado regado por tus doctrinas.

Cincuenta y un años.
!Cúanto tiempo transcurrido!
Largo sendero recorrido
que al volverte y mirar atrás
te yergues cual la cumbre,
cual el caudal que emana de
cada hombre que nace
Y hoy, eres como una rosa abierta
bañada por el rocío al comenzar la aurora.

Cincuenta y un años
!Cúanto tiempo transcurrido!
Largo sendero recorrido,
que al volverte y mirar atrás
enalteces ofrendando tus doctrinas.
Grande es tu nombre
Grande es tu vida de incansable forjadora.

Cincuenta y un años
Cincuenta y una vidas,
Largo sendero recorrido,
que al volverte y mirar atrás
no formas estelas en el mar.

Eres así, no cambiarás

Aunque con jefe en apuros,
trabajas complacida.
Aunque te lleva corriendo
siempre contenta estás.

Te quieren porque eres buena,
Te quieren por tu bondad,
Te quieren porque al pasar
Inadvertida no serás.

Porque de tus labios siempre una
sonrisa nos ha de brindar,
y que aunque aquí muchos no te
miren con buenos ojos,
que por todo el mundo has de encontrar,
!que importa eso!, si unos pocos que te
queremos, somos tus amigos de verdad.

Aunque con jefe en apuros
siempre contenta estás
y a tu disposición la encuentras
dispuesta siempre ayudar.

Gran muchachita

Te conocí ayer, gran muchachita.
Te conocía de antes, pero de vista.
Eres dulce, buena, delicada y gran amiga.
Tienes un jefe, un poco serio,
que sin muchos halagos y sin sonrisas,
con el "Mi hijita", siempre te conquista.

Eres dulce y callada y cuando trabajas
se oyen sólo las teclas de tu máquina,
que al compás de la misma, gran "Muchachita"
callas, trabajas y complaces "Mi Hijita"

Un Amigo que se va

Un amigo que se va
se llora en silencio su partida,
se rompe el alma del que sólo queda
como ave sin rumbo sin su dulce trinar.

Un amigo que se va
queda un vacío muy grande
que nadie lo podrá ocupar

Un amigo que se va
es tener el alma envilecida por la rabia
y la impotencia de no poder haber hecho
nada por impeder su partida.

Un amigo que se va
es no contar con la mano amiga
que te lleve sin tropiezos por el
sendero de la vida.

Un amigo que se va
es encontrarse en un callejón sin salida,
es convertirse el día en la noche,
la alborada en el ocaso del día,
es como un niño cuando pierde su
juguete más querido.

Un amigo que se va
todo pierde su lucidez,
la primavera deja de florecer,
el invierno se asentúa y en silencio
nos atrapa con su gran capa blanca y fría.

Un amigo que se va
se quedan tus brazos y manos vacíos,
Se queda una herida abierta
que va lacerando toda la vida.

Un amigo que se va
se pierde algo más que un amigo,
se pierde la luz, la libertad
y queda un gran espacio vacío que
jamás nadie lo podrá ocupar

Déjame amanecer contigo

Quiero amanecer contigo
quiero estar siempre contigo.
Quiero amanecer contigo
el resto de mi vida.
Disfrutar de tu sonrisa,
disfrutar de tu alegría y
sentir tu cuerpo y tu calor
en el mío.

No hay nada en el mundo
como tú y yo.
No hay nada más allá de nosotros
dos que nos pueda separar.

Déjame seguirte amando.
Déjame amanecer contigo.
Eres todo para mí,
el aire que respiro,
la luz de mi sendero,
el dueño de mi vida,
eres algo tan grande que nace
de adentro del corazón y como
lo nuestro no hay dos

Quiero estar siempre contigo.
Quiero amanecer siempre contigo
el resto de mi vida y más allá de la
vida, en la Eternidad

La Dádiva de mi vida

Eres el niño que yo quiero.
Eres el niño que ya yo tengo,
El Tesoro que yo poseo.
Es un niño maravillo
El niño que tanto quiero.
Ya mi niño es un hombre
y el Tesoro que yo más quiero.

Es la Dádiva de mi vida
que un vuelco me dío dentro,
un vuelco que en mis entrañas,
un vuelco que dío a mi vida la
luz y la esperanza, el sosiogo
a mis heridas,
que dío sus primeros pasos
muy dentro de mis adentros.

Eres como el agua que
necesita el sediento,
como ese pedazo de pan
que alimenta al mendigo
y necesita tu aliento.

Es el gran amor de mi vida
tan grande como lo siento.
Es el amor más limpio y puro que existe
tan grande como lo siento.
Es mi niño, aunque hombre,
lo sigue siendo.
Mi niño grande y pequeño;
El niño que tanto quiero.

Sólo aquella que es madre completa,
Sólo aquella podrá entenderlo.
Sólo aquella entenderá lo mucho
que lo queremos.
Que aunque sean hombres y mujeres
nuestros niños siguen siendo.

Es el gran amor de mi vida,
El amor que me hizo madre,
que dío sentido a mi vida.
Es la Dádiva que tanto quiero.
Es la Dádiva que ya es un hombre
y el tesoro que yo más quiero.

Eres tanto y tanto que yo poseo.
Eres todo más que eso.
La Dádiva de mi vida.
El Tesero más preciado y
celosamente guardado.
La Dádiva de mi vida
y el Tesoro que yo poseo.

Como el primer día

Como el primer día en que te vieron mis ojos
te sigo queriendo.
Como la primavera de ese primer día.
Como ese primer beso que te di un día.
Con esa aureola y la alegría con que vivo
cada día, te sigo queriendo.

Como ese primer día en que nos encontramos
Y cupido prendío nuestros corazones,
te sigo queriendo.

Como el primer día y el verdadero en que
prendío la estrella ardiente de mi fantasia.
Con el apasionamiento con te hice mío,
te sigo queriendo.

Como el primer día de la primavera tan
bella en todo su esplendor y con todo ese
sentimiento que llevo adentro,
te sigo queriendo.

Como ese primer día en que amanecimos
uno junto al otro abrazados,
te sigo queriendo.

Como ese primer día te sigo y
seguiré queriendo hasta el confín
tuyo y mío y gritaré siempre
te sigo y te seguiré queriendo.

'MAMA'

Eres cual una flor llena de vida
en todo su esplendor y lozanía
bajo un sol radiante.
Eres el alba de la vida.
Eres como la primavera en su
nuevo día al amanecer bañada
por el rocío.

Eres tanto y tantas cosas
que son innumerables tus virtudes.
Eres cual una fiera enfurecida
por defender su cría.
Te enfrentas a todo y todos,
contra viento y marea por
defender ese pedazo tan tuyo
de adentro de tus entrañas.

Tu nombre es tan corto,
pero tan grande que se me
henchida el pecho cuando
con ahínco te grito y digo
'MAMA'

Callejera

Te llaman callejera porque siempre
andas por las calles,
porque siempre andas por doquier.
Calle arriba, calle abajo exhibiendo
todo tu cuerpo moviendo las caderas
con tu dulce caminar.

Callejera por derecho propio y en
tu afán a la libertad no permites
que nadie sea tu dueño.
y ser libre como el viento que
viene y va con ese aire tan
tuyo, tan peculiar.

Calle arriba, calle abajo
sin rendirle cuentas ni al mundo
ni a la humanidad.

Te llaman Callejera porque contagias
a todo aquel que llega,
que al pasar por tu lado te elogia
con la mirada en tu andar,
porque siempre tienes las puertas
abiertas en cualquier lugar.

Te llaman Callejera porque tienes
un amor en cada puerto como el
marino surcando el mar,
porque vives siempre un amor fugaz,
admiradora de las cosas bellas
sin darse cuenta que las cosas
bellas tambien se marchan en
su ligero andar.
Y a veces, sólo queda un recuerdo
por los sentimientos que dejas atrás
que se pierden y olvidan como estelas
en el mar.

La vida es bella

Qué sabe Ud., señora, lo que es la vida.
Ud. que lo tiene todo, Ud. que nació en
cuna de oro y entre pañales de seda.

Qué sabe Ud., señora, lo que es la vida,
cuando se tiene una niñez esplendorosa
y un pedazo de pan fresco que llevarse a
la boca cada día.

La vida es dura, señora, cuando se tiene
por casa la calle, cuando se tiene por cuna
el suelo duro y frío, y por cobija el trapo viejo
de saya que mamá ya no se ponía.

Qué sabe Ud., señora mía, cuando se tiene
por alimento aquel pedazo de pan viejo que
mendigaste en la calle porque Ud. ya no lo
quería.

Qué sabe Ud., señora, lo que es la vida.
Cuando por mendigo o arapiento el mundo
te da la espalda o te acusa del delito no
cometido.

Qué sabe Ud., señora, lo que es pasar frío.
Lo que es ver a una madre enferma morirse
lentamente por falta de atención médica y
una buena medicina que la cure.

¿Por qué se queja tanto, señora?
Porque no tuvo un verdadero amor y una
tierna criatura calentando su regazo.

Porque todo lo que tiene no es verdadero.
Ud. que lo tiene todo.
Ud. que lo compra todo.

A pesar todo, señora, la vida es bella
con sus vicisitudes y dolencias.

Y sabe Ud., señora, porque la vida es bella,
Porque cuando se tiene la fuerza de voluntad
y el deseo de vivir. Cuando se cree en la historia
y en el hombre como ente social y cuando se
vive con la esperanza de un mañana mejor.
La vida es bella con sus colores y matices.

Por favor, señora, no se queje más de la vida.
Ud. que nació en cuna de oro y entre pañales
de seda.

Mi Negra

La noche está tranquila.
Se oye el sonido del silencio en el solar.
Mi negra duerme plácidamente entre sábanas blancas.

De repente, en la madrugada, se rompe el silencio de la noche.
A lo lejos, se oye el sonido del timbal, se oye el sonido del
tambor.
Mi negra comienza a moverse entre sus sábanas blancas, brilla
su piel morena, resplandece su negro color.
A mi negra le hierve la sangre por dentro, arde todo su cuerpo.

Mi negra se despierta,
Mi negra se levanta al sonido del tambor, al repique del timbal.
Mi negra comienza a mover todo su cuerpo,
todo su cuerpo vibra al sonido del timbal.
Lentamente comienza a mover sus hombros,
comienza a mover sus caderas, sus pies descalsos
se deslizan por el piso.
Es todo movimiento mi negra,
Mi negra es todo movimiento cual la fuerza de un tifón.

Tumba mi negra, tumba el tambor.
Tumba mi negra al repicar del timbal.
Retumba mi negra, retumba el tambor,
retumba su cuerpo en todo su esplendor.

Ahí, viene mi negra con su tumbao
entre timbales, maracas y bongó.

La gente sale a ver a mi negra.
La gente sigue a mi negra con su movimiento
contagioso entre timbales, maracas y tambor.
La gente sigue a mi negra calle abajo al ritmo
del timbal, al ritmo del tambor.

Es toda fuego mi negra.
Su negra carne resplandece en la noche, sudorosa,
moviéndose al ritmo del timbal y del tambor.
Retumba mi negra, retumba el tambor,
Retumba su cuerpo en todo su esplendor.

De repente, cesa el sonido del timbal,
ya no se oye el tambor.

Mi negra deja de mover sus caderas.
Mi negra se voltea lentamente y con su andar
tan peculiar se va alejando mi negra.

Mi negra ya no vibra.
Ya la gente no la sigue.
Mi negra camina lentamente, cabizbaja
va alejándose de vuelta a su solar.

El Sonso

Hoy, no vengo hablarles de mí.
Vengo y estoy aquí por el Sonso,
mi amigo de parrandas y de verdad.
No importa cúal sea su nombre.
Así lo llamaban y lo conocían todos, todo el mundo
y toda la gente al verlo pasar.

El Sonso es aquel hombre que andaba de esquina en
esquina, de cantina en cantina, de bar en bar, siempre
con la botella de bebida en la mano.

La botella, ya fuera de ron, de tequila, de cerveza. No
importaba su contenido. Lo que importaba que siempre
andaba con él. Como decía: mi compañera inseparable,
mi mejor y fiel amiga.

Y saben porqué el Sonso siempre, siempre andaba de cantina
en cantina, de bar en bar, de esquina en esquina, con su compañera
inseparable.

El Sonso era un hombre trabajador, un hombre que sólo
pensaba en su familia, en su casa y en su hijo.

Pero un día, de mucho trabajo, cansado y estenuado, ya
tarde en la noche, llega a su casa y la encuentra vacía y
sólo había una carta encima de la mesa.

Una carta para él. Una carta que le había dejado su mujer diciéndole que no podia seguir con él, que lo abandonaba. Que se iba con otro que le ofercía lo que él no podia darle.Que ella ambicionaba muchas cosas que él no tenia, ni siquiera podia alcanzar. Que le dejaba el niño con la vecina. Que se iba para siempre para no regresar jamás.

Desde entonces, ese hombre trabajador que sólo pensaba en su familia, se convirtío en el borracho habitual y cotidiano, que sólo pensaba en la bebida, en emborracharse para olvidar las penas y arrancarse ese dolor que le quemaba el alma.

Y por las noches, ya tarde, cuando volvía a su casa, alli encontraba a su hijo, esperándolo, dormido, tirado encima de la mesa como siempre.

Pero con la única diferencia, que esta vez, llegaba borracho sin importarle nada.

Pero un día, al llegar, en la madrugada, su hijo no estaba dormido, tirado encima de la mesa, esperando a su papá.

Lo buscó desesperadamente por toda la casa, y de repente, entre la embriagués de su borrachera, ve a su hijo en un rincón de la cocina, con una botella en la mano, dormido.

Hijo, pero ¿qué te pasa?, ¿qué has hecho?

Y el niño entre soñoliento y borracho le respondió:

Papá no me pegues. Yo sólo quería saber como se siente uno cuando está borracho y para olvidarme como tú de las penas, del dolor de saber que he perdido a mi madre y que mi padre no me quiere ya ni quiere saber de mí.

No-dijo el Sonso- no hijo, tú eres todo para mí. Mi vida, lo único que yo tengo.

Desde entonces, el Sonso dejó de ser El Sonso.

Dejó de beber, de andar de esquina en esquina, de cantina en cantina, de bar en bar, con la botella de bebida en la mano.

Se convirtió de nuevo en el hombre sobrio que había sido siempre, un hombre trabajador que se ocupaba de su casa y de su hijo.

Porque ahora, sabía que tenia un tesoro.

Que su mujer lo dejó por otro, por riquezas y por dinero. Pero le había dejado lo mejor y más preciado de la vida, su hijo. Lo más bello y puro del fruto de aquel amor que ella había abandonado sin mirar que a quien más daño le hacía, su Hijo.

Printed in the United States
By Bookmasters